# de *Weg* - *el Camino*

GEDICHTEN - *POESÍA*

Germain Droogenbroodt

TEKENINGEN - *DIBUJOS*

Satish Gupta

*Versión castellana en colaboración con el autor:*
*Tomàs Llopis y Fco. Javier Barbero*

Poëzie

*de Weg - el Camino*

**Poëzie van Germain Droogenbroodt**



POINT vzw, Rekkemsestraat 167, B-8510 Marke en
POINT International, "Ithaca", Apdo.125,
E-03590 Altea (Alicante) España.
http://www.point-editions.com

**Omslag en tekeningen: Satish Gupta**

ISBN: 9789490347154
EAN: 9789490347154
D/2010/4229/4
NUR 306

**DERDE DRUK**

## Korte introductie

"De weg is bestendig daadloos
en toch is er niets, dat niet gedaan wordt".

De titel van deze bundel verwijst onder andere naar het Taoïsme en men zou een aantal gedichten als *Yin*, andere als *Yang* kunnen catalogeren, wat evenwel de lading zeer onvolledig zou dekken. Veeleer is de bundel een lang gedicht, een poëtische meditatie, van de dichter die meer dan zestig keer in het Verre-Oosten verbleef en onder meer Chinese en Koreaanse poëzie vertaalde.

"de Weg" bevat verwijzingen naar de Griekse mythologie, zoals bijvoorbeeld Pegasus, het gevleugelde paard met de gouden teugel, dat door zijn hoefslag bronnen deed ontstaan, of naar Nux, godin van de nacht en dochter van Chaos. Maar de bundel bevat eveneens verwijzingen naar het Hindoeïsme en naar het ZEN-boeddhisme, naar de "Poorloze Poort" of poort zonder doorgang, waardoor men heen moet om "de weg" te bereiken. De meeste gedichten werden in India geschreven, wat uiteraard sporen heeft nagelaten.

"de Weg" - die in de Chinese vertaling niet ten onrechte TAO als titel kreeg - kan als de weg van de mens worden beschouwd, zijn verleden, zijn heden en zijn - onvoorspelbare - toekomst. Maar het is ook de weg van de dichter zelf: een neergeschreven, allerpersoonlijkst ervaren van diverse culturen, godsdiensten en filosofieën, waarin Westers denken in harmonie met Oosters ideeëngoed in de oude, nog steeds actuele, of in een nieuwe, hedendaagse context en levenservaring worden geplaatst.

## Breve introducción

"El camino carece permanentemente de acción
sin embargo, no hay nada que no se haga"

El título de la presente colección hace referencia, entre otras, al taoísmo. Unos poemas se podrían catalogar como *yin* y otros como *yang*, pero eso sería relativamente incompleto como definición. La colección es más bien un largo poema: una meditación lírica del poeta que estuvo más de sesenta veces en Extremo-Oriente y también tradujo poesía china y coreana.

En «el Camino» hay referencias a la mitología griega, como por ejemplo al caballo alado Pegaso, que abría fuentes con sus cascos, o a Nix, diosa de la noche e hija de Caos. El poemario contiene también referencias al hunduismo y al Zen, a la «Puerta sin Paso», por donde hay que pasar para encontrar «el camino». Más de la mitad de los poemas han sido escritos en la India, un hecho que ha dejado huellas visibles.

Se puede considerar "el Camino" - ¡el título da la versión china es TAO! - como el camino de la humanidad, del hombre, su pasado, su presente y su futuro imprevisible. Pero ante todo, es el camino del poeta mismo, su experiencia personal con las diversas culturas, religiones y filosofías, donde el pensamiento occidental se encuentra en armonía con las antiguas ideas orientales, puestas en su contexto antiguo o en uno nuevo, contemporáneo y existencial.

¿QUÉ VIERON los viejos profetas
que no describieron
en la soledad que
a la mente agudice
-o la haga errar?

¿Oyeron una voz
desconocida a nuestro oído, soñaron un sueño
que otorga despertar y certeza
firme como verdad y palabra?

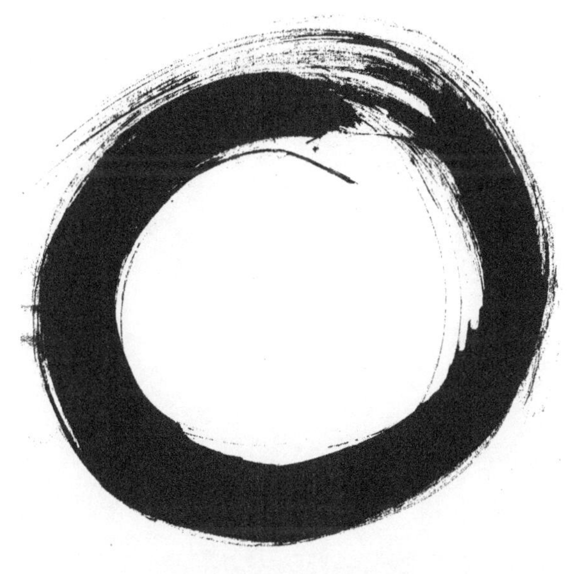

WAT HEBBEN DE OUDE PROFETEN gezien
maar niet beschreven
in de eenzaamheid
die de geest verscherpt
-of doet dwalen?

Hebben ze een stem gehoord
ons onbekend, een droom ervaren
die ontwaken en zekerheid verleent
standvastig als waarheid en woord?

¿CONTARON con las puntas de los dedos
los nervios de las hojas
leyeron las líneas
en la palma de la eternidad?

¿Levantaron sus ojos miopes
la oscuridad
reconocieron en el rostro
de la noche los signos, el alba?

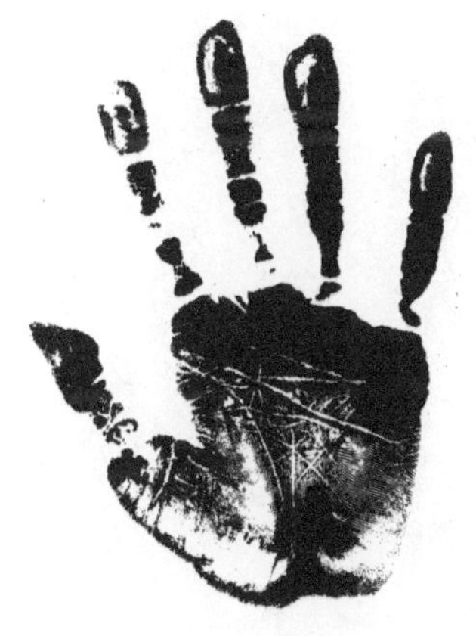

HEBBEN HUN VINGERTOPPEN
van het blad de nerven geteld
de lijnen gelezen
in de handpalm van de eeuwigheid?

Hebben hun bijziende ogen
het duister opgegeven
in het gelaat van de nacht
de tekens, de dageraad herkend?

## Pegaso

¿Quién rompió la brida dorada,
robó el caballo?

Todavía hay agua
en la fuente

pero el ruido de los cascos
se extingue sin eco.

# Pegasus

Wie brak de gouden teugel
ontvreemdde het paard?

Nog is er water
aan de bron

maar de hoefslag
sterft zonder weergalm uit.

## Diosa de la noche

Amenazante, como una criatura animal
se extiende sobre la tierra
la obscuridad.

¿Qué luna
nos trae un atisbo de luz?

¿Qué sol
-que no amenace
nos da un signo?

# NACHTGODIN

Dreigend, als een dierlijk wezen
hangt boven de aarde
het duister.

Welke maan
brengt ons een glimp van licht?

Welke zon
-die niet bedreigt
geeft ons een teken?

¿Dónde queda la luz
que extiende más que claridad?

¿dónde queda el vidente, el profeta
que da, como pan, la verdad
que es pura, clara y profunda a la vez?

¿dónde queda la estrella que guía,
que en la oscuridad ilumina

la fuerza secreta que traza
el trayecto sin tiempo
de las estrellas
el ciclo de los planetas?

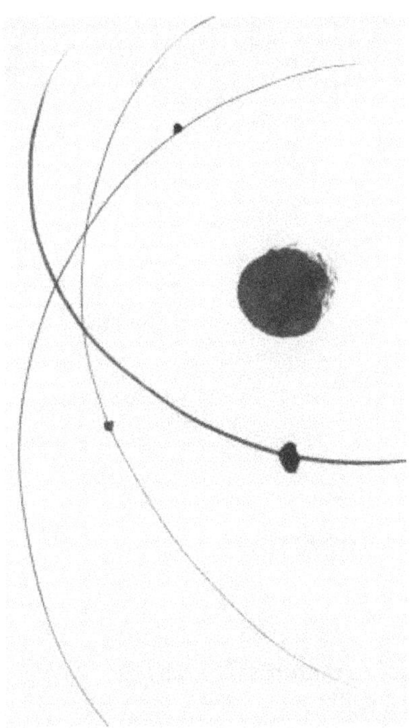

WAAR BLIJFT HET LICHT dat groter is
en meer dan helderheid verschaft

waar blijft de ziener, de profeet
die als brood de waarheid reikt
die zuiver is en toch helder en diep

waar blijft de leidster
die oplicht in het duister

de geheime kracht
die van de sterren tekent
de tijdloze baan
de kringloop der planeten?

## Enarenamiento

*sobre pinturas de Luís Pla*

¿Qué es
ese asalto y
enarenamiento visible

sino asalto
y enarenamiento
de lo no visible?

No huirá la noche
sino el día

cuando cante con su
voz de desierto el cuervo
la canción de la nada.

# VERZANDING

*bij schilderijen van Luis Pla*

Wat anders
is deze bestorming en
zichtbare verzanding

dan bestorming
en verzanding
van het niet zichtbare.

Niet de nacht
maar de dag zal vluchten

als de kraai met
haar woestijnstem zingt
het lied van de leegte.

EL TIEMPO URGE, empuja la arena

graba la palabra
en la piedra
y espera que quede

-no

como testamento.

DE TIJD DRINGT, drijft het zand

kras het woord
in de steen en hoop
dat hij zal blijven

-niet

als testament.

MÁS AÚN que el agua
el aire
y todo el firmamento

también enturbia
la visibilidad

que dirigida hacia dentro
desconcierta

mucho más
que solamente el ojo.

MEER NOG dan het water
de lucht
en het hemelbeeld

vertroebelt ook
de zichtbaarheid

die binnenwaarts gericht
ontreddert

veel meer
dan het oog alleen.

¿ES LA CREACIÓN parte
del universo
el universo
de lo que ha sido creado?

Vanidoso es el pensamiento
lejano la comprensión

lo que avanza
es desconcierto y decadencia

el otoño está brumoso
el invierno se hará frío.

IS DE SCHEPPING onderdeel
van het universum
het universum
van wat geschapen is?

Hoogmoedig is het denken
het inzicht ver

wat oprukt
is verwarring en verval

de herfst is beneveld
de winter wordt koud.

¿De dónde viniste
a dónde irás?

¿Cuánto tiempo durará aún
tu eternidad

-planeta?

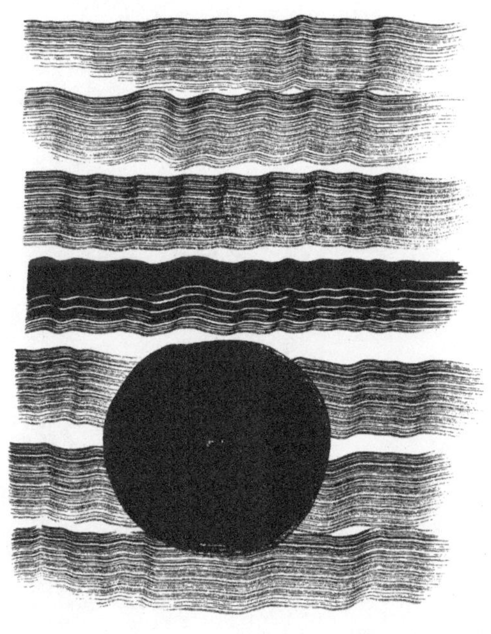

VAN WAAR ben je gekomen
waarheen zal je gaan?

Hoelang nog duurt
jouw eeuwigheid

-planeet?

¿Es todo, pues, pérdida
llamada ciega
en el vacío

y busca en vano la palabra
letras desgastadas

el camino
la huella borrada

el presente
pasado perdido?

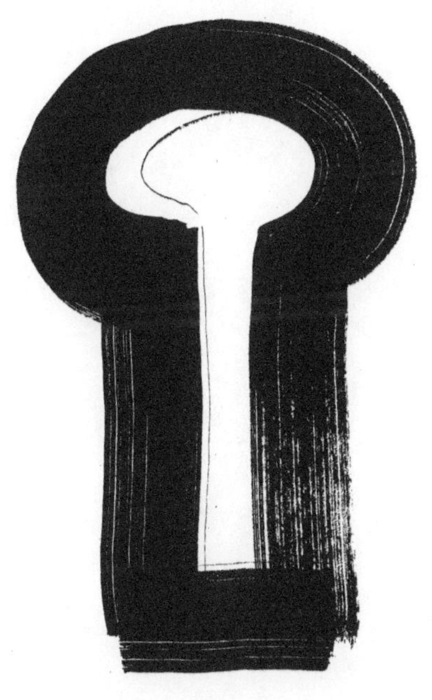

IS ALLES dan verlies
blind geroep
in de leegte

en zoekt tevergeefs het woord
vergane lettertekens

de weg
het uitgewiste spoor

het heden
verloren verleden?

## Oración

Ahora que la noche cae
que del día
cierra los párpados

y del cielo recoge
el tierno azul

dame también, estrella
que de la noche
iluminas el ojo ciego

más claridad
más esclarecimiento.

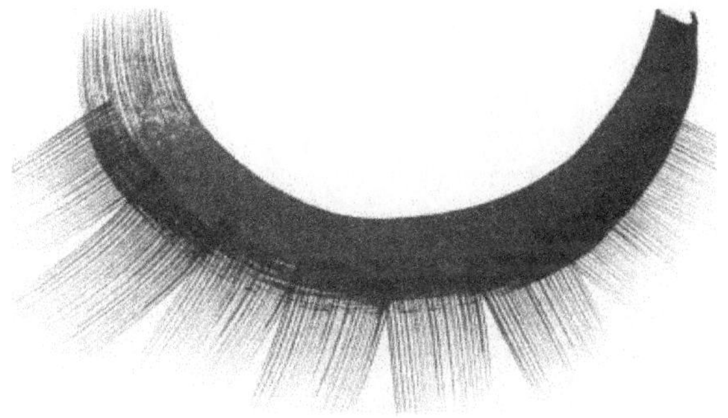

# Gebed

Nu de avond valt
die van de dag
de wimpers sluit

en van de hemel opbergt
het tedere blauw

geef ook mij, ster
die van de nacht
het blinde oog verlicht

meer helderheid
meer zicht.

LA DESESPERANZA no engendra fruto
ni sueño, ni otra vida
que lo baldío
y vano

como la noche
que nació ciega
no ve más que lo que
el ojo de la luna ofrece

a veces confuso
lúcido a veces.

DE WANHOOP baart geen vrucht
geen droom of ander leven
dan wat vergeefs
en nutteloos is

zoals de nacht
die blind geboren
niets anders ziet
dan wat het oog van de maan

soms wazig
soms helder biedt.

## Catarsis

El reflejo
ha de ser desreflejado
la palabra, despalabrada

abandona el camino
hasta el límite
del callar

donde lo poco es más
la palabra, como verdad,
encuentra de nuevo morada.

## Catharsis

De spiegeling
dient ontspiegeld
het woord herwoord

verlaat de weg
tot aan de grens
van het zwijgen

waar geringer groter is
het woord als waarheid
weer onderkomen vindt.

PERO EL HOMBRE inquieto
e ignorante, en vano busca
la fuente

y el cauce
a donde todo el agua fluye
y la arena.

MAAR DE MENS die rusteloos
en onwetend is zoekt tevergeefs
naar de bron

en naar de bedding
waarheen al het water vliedt
en het zand.

REVERSIBLE es todo
pero ¿dónde está el límite?

¿Quién conoce el cambiar,
el obscurecimiento,
la noche?

OMKEERBAAR is alles
maar waar ligt de grens

wie weet omtrent de kering
de verduistering
de nacht?

DESPUÉS CAYÓ durante días la obscuridad
en la cual se empeñaba en vano
en percibir
la cara

un rostro

el tiempo.

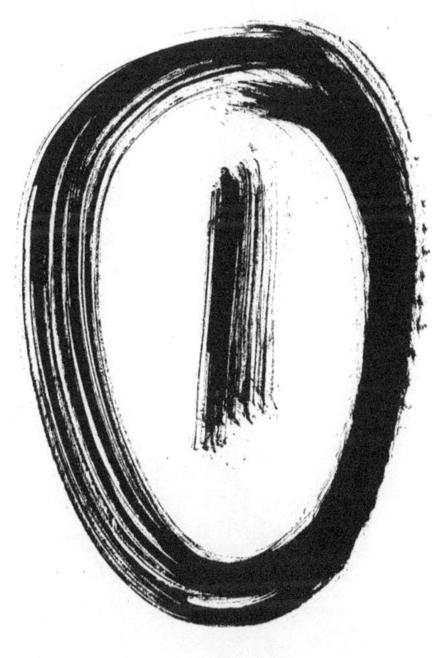

TOEN VIEL dagenlang de duisternis
waarin hij tevergeefs
poogde te ontwaren
het aangezicht

een gelaat

de tijd.

NOCHE
ojo negro.

Noche
ojo tembloroso
en la frialdad más fría.

Noche.

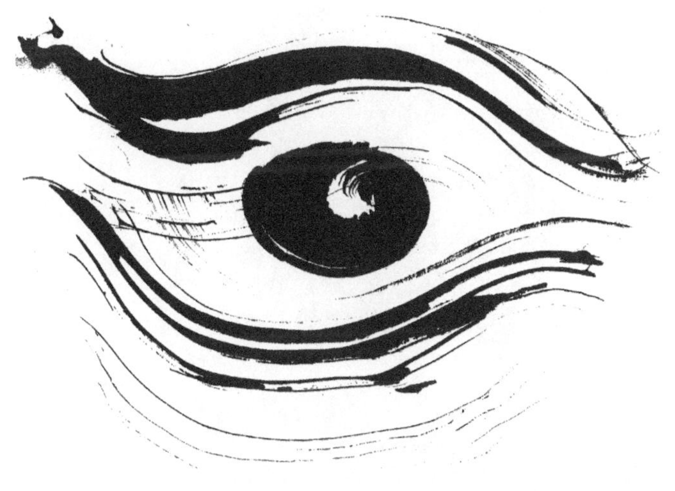

NACHT
zwart oog.

Nacht
trillend oog
in killer kilte.

Nacht.

## La vida

Como flor de un día

como puñado de nieve
que un instante brilla al sol
y se funde

lentamente se infiltra

se mezcla
y de nuevo se convierte
-en tierra.

## Het leven

Zoals een eendagsbloem

zoals een handvol sneeuw
dat even glinstert in de zon
en smelt

langzaam wegsijpelt

zich vermengt
en weer wordt
-aarde.

¿ENTONCES, sólo queda lo que
el reloj de arena deja atrás

una huella del pasado
un poco de polvo
recogido por los siglos

un punto

en la infinitud
del universo?

BLIJFT ER DAN niets méér
dan wat het uurglas achterlaat

een spoor van voorbijheid
wat stof
door de eeuwen vergaard

een stip

in de oneindigheid
van het heelal?

ETERNO ES el futuro
del principio

lo que fue y lo que es
perdurará siempre

sólo lo terrenal
cambia

en el universo
apenas nada.

TIJDELOOS is de toekomst
van het begin

wat was en wat is
zal eeuwig duren

alleen wat aards is
verandert

in het universum
nauwelijks iets.

PERO
no hay sombra
más grande que su luz.

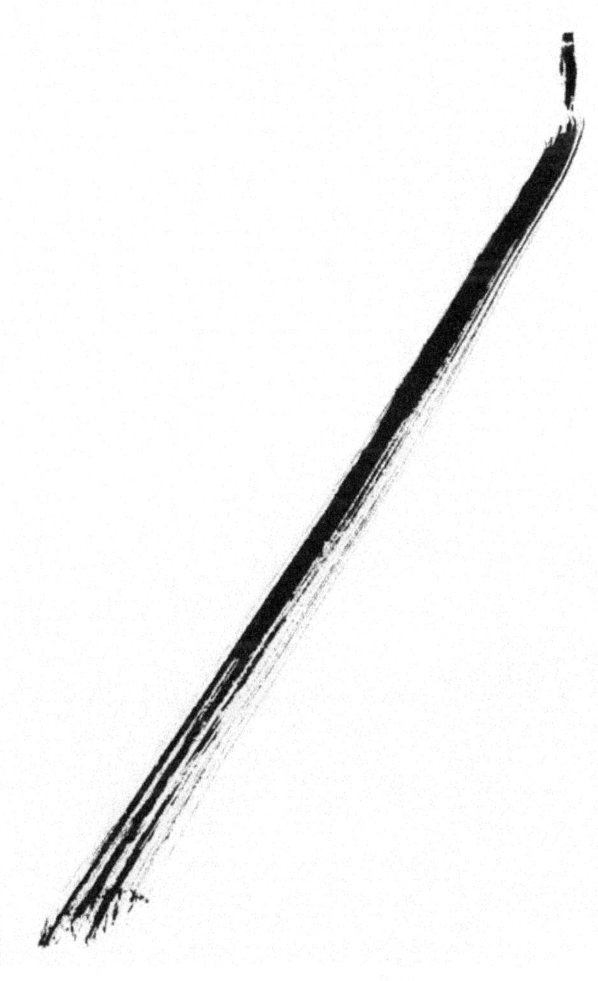

Maar
Er is geen schaduw
groter dan haar licht.

## Resurrección

*El árbol del universo queda de pie*
*su tronco es el lugar sin base,*
*la copa desea las escondidas raíces*
*mientras las raíces, anhelan el sol.*
*Rig-Veda 1,24,7*

Las raíces en el limo
florece en el blanco más blanco
la flor de loto

## Heropstanding

*De boom van het universum blijft overeind*
*zijn stam is het bodemloos gebied,*
*de zonnige top verlangt naar de verborgen wortels*
*terwijl de wortels smachten naar de zon.*
*Rig-Veda 1,24,7*

De wortels in het slijk
bloeit witter dan 't witste wit
de lotusbloem

LUEGO, DEL ALUVIÓN PRIMARIO de la tierra,
resucitaba como luz y boya
el sol

iluminaba el ojo
alegraba al corazón

y reconoció
el rostro

el suelo fértil
la próspera tierra.

UIT HET OERSLIB van de aarde
herrees toen als licht en baken
de zon

verlichtte het oog
verheugde het hart

en hij herkende
het gelaat

de bodem
die vruchtbaar is
de goede grond.

## Iluminación

Entonces
anduvo hacia el mar
descalzo

y contó
del agua
las gotas

de la arena
los granos.

## Illuminatie

Toen
ging hij blootsvoets
naar de zee

en telde
van het water
de druppels

de korrels
van het zand.

COMO YESCA
cayó entonces la luz

y no había verdad
que no fuera la suya

íntegra como la palabra
todavía no expresada.

¡Tómala en la mano
como piedra de oráculo que ilumina
o quema!

Als tondel
viel toen het licht

en er was geen waarheid
die niet zijn waarheid was

volkomen als het woord
onuitgesproken nog.

Neem het in je hand
als orakelsteen die oplicht
of verbrandt.

Y HASTA A LAS ESTRELLAS dio
luz y esplendor

lo llevaron

como viático y aliento
en un viaje interminable.

EN TOT AAN DE STERREN toe
schonk hij luister en licht

ze droegen het mee

als teerspijs en ademtocht
op een eindeloze reis.

El espacio se hizo entonces todo luz
se desvaneció el horizonte
el linde
entre  cielo y tierra

se borró el tiempo
y el vacío se convirtió en plenitud

¿o era vacío aún más grande,
-revelación?

De ruimte werd toen één en al licht
de horizon verdween
de grens
tussen hemel en aarde

de tijd werd uitgewist
en leegte werd volheid

of was het groter leegte
-openbaring?

MUCHO MÁS tarde
bajo la infinita cúpula
del universo

oyó
apenas audible
un canto irreal

¿-o fue silencio, aún más grande?

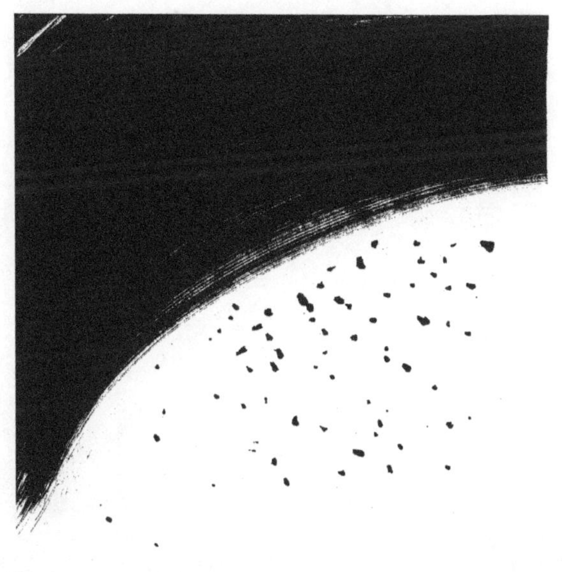

VEEL LATER dan
onder de oneindige koepel
van het heelal

hoorde hij
nauwelijks verneembaar
onwezenlijk gezang

-of was het groter stilte?

Borrados los límites
el lenguaje y los signos
tan profundamente grabados. Traspasada
la Puerta sin Paso.

DE GRENZEN uitgewist
de taal en de tekens
zo diep gegrift. Overschreden
de Poortloze Poort.

TODO SE FUSIONÓ
las cosas
los hombres
los dioses

el principio y el fin
perfecto y eterno

-uno.

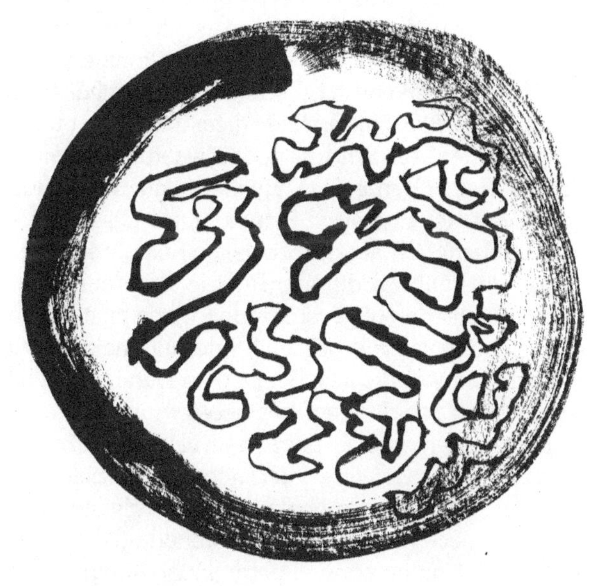

VERSMOLTEN was alles
de dingen
de mensen
de goden

het begin en het eind
tijdloos en volkomen

-één.

Germain Droogenbroodt, geboren op 11 september 1944 te Rollegem, West-Vlaanderen is dichter, vertaler, uitgever en promotor van moderne internationale poëzie. Sinds 1987 leeft en werkt hij in het schilderachtige mediterrane kunstenaarsstadje Altea. Hij vertaalde méér dan dertig bundels Duitse, Engelse, Franse en Spaanse poëzie, waaronder werk van Bertolt Brecht, Reiner Kunze, Peter Huchel, Miguel Hernández, José Ángel Valente, Francisco Brines, Juan Gil-Albert en herdichtte Arabische, Chinese, Perzische en Koreaanse poëzie. In de uitgeverij POINT Editions (POëzie INTernationaal), waarvan hij oprichter en uitgever is, publiceerde hij méér dan tachtig poëziebundels, voornamelijk internationale poëzie. Samen met de Chinese dichters Bei Dao en Duo Duo stichtte hij de nieuwe poëziebeweging, het *neo-sensacionisme*. Hij organiseerde het internationaal poëziefestival La Costa Poética, is literair adviseur van diverse internationale poëziefestivals waaronder het Encuentro de Poetas del Arco Mediterráneo, het Festival Internacional de Poesía in Granada (Nicaragua), van het tijdschrift Contemporary Poetry (Hong Kong) en was algemeen secretaris van het Congreso Mundial de Literatura (Valencia). Hij is sinds 2008 secretaris generaal van de World Academy of Arts & Culture en het World Congress of Poets. In 2008 richtte hij in Altea de stichting ITHACA Droogenbroodt-Leroy op, een culturele brug tussen Oost en West.

Zijn eigen poëtisch werk, tot dusver negen gepubliceerde bundels, is veelzijdig. Na zijn debuut met “Veertig aan de wand” (1984), die als neoromantische poëzie gecatalogeerd werd, publiceerde hij “Ken je het land?”, meditaties aan het Comomeer, een bundel natuurlyriek. In 1995 ontving hij een Hawthornden Fellowship en schreef tijdens zijn verblijf op het gelijknamig Schots kasteel “Gesprek met de overkant”, een hommage aan de aan kanker overleden Nederlandse dichter Hans Faverey, bekroond met de P.G. Buckinxprijs. Meteen erna voltooide hij “Tastbare afwezigheid - Palpable como la ausencia”, een tweetalige bundel liefdesgedichten. Eind 1997 verscheen “Vijfentwintig en twee liefdesgedichten” en in 1998 “Tussen de stilte van je lippen”, zijn verzamelde liefdesgedichten.

Germain Droogenbroodt bestudeerde de Oosterse culturen, hun filosofie en hun poëzie en vertoefde talloze keren in het Verre-Oosten en in India, wat in zijn poëtisch werk diepe sporen nagelaten heeft.

Tijdens een verblijf in Rajasthan voltooide hij de cyclus "de Weg", een keerpunt in zijn werk die meerdere belangrijke schilders inspireerde, waaronder de Vlaamse schilder Frans Minnaert en de Indische schilder Satish Gupta. Deze eerdere filosofische, mystiek getinte poëziebundel is tot dusver zijn populairste boek en verscheen reeds in 16 talen in twintig landen waaronder het Arabisch, Chinees, Duits, Hindi, Italiaans, Malayalam, Mongools, Nederlands, Slowaaks, Spaans, Turks en het Tsjechisch.

In 2001 schreef Germain Droogenbroodt in het Spaans "Amanece el cantor" (De zanger ontwaakt), een hommage aan de overleden Spaanse dichter José Ángel Valente. Het jaar daarop volgde "Tegenlicht - Contraluz", die de mystiek-filosofische lijn van "de Weg" volgt. Het boek werd op de internationale boekenbeurs van Constanta door de Ovidius Universiteit als beste buitenlandse poëziebundel gelauwerd.

"In de stroom van de tijd - *En la corriente del tiempo*" is tot dusver zijn laatste bundel, verscheen in "Selected Poetry of Germain Droogenboodt", Engels-Chinees, Sjanghai 2008 en in een tweetalig Nederlands-Spaanse uitgave geïllustreerd door de Vlaamse schilder Frans Minnaert. Met de Spaanse versie van het boek werd hij in Spanje laureaat van de XXIX Premio de Poesía Juan Alcaide 2008 die de stichting in het Spaanse publiceerde.

Voor zijn verdiensten als dichter, vertaler en uitgever van internationale poëzie werd hem in Egypte een eredoctoraat toegekend. In 2006 ontving hij tijdens het wereldcongres voor poëzie voor zijn verdiensten als poëzievertaler van de Mongolian Academy of Culture and Poetry de Pegasusprijs. Door het universeel karakter van zijn werk wordt hij jaarlijks door universiteiten en internationale poëziefestivals uitgenodigd: in Argentinië, Bulgarije, Egypte, Ierland, Israël, Korea, Kroatië, Litouwen, Maleisië, Macedonië, Mexico, Mongolië, Nepal, Nicaragua, Oostenrijk, Roemenië, Rusland, Slowakije, Spanje, Taiwan, Thailand, Tsjechië enz.

Germain Droogenbroodt, nació el 11 de septiembre del año 1944 en Rollegem (Bélgica), pero vive ya desde el año 1987 en Altea (España), un pintoresco y artístico pueblo mediterráneo. Es poeta, traductor, editor y promotor de poesía moderna internacional. Ha traducido más de treinta libros de poesía alemana, inglesa, francesa, española y latinoamericana, entre ellos obras de Bertolt Brecht, Reiner Kunze, Peter Huchel, Miguel Hernández, José Ángel Valente, Francisco Brines, Juan Gil-Albert y realizó adaptaciones de poesía árabe, china, persa, japonesa y coreana.

La editorial POINT (POesía INTernacional), de la que es fundador, lleva publicados más de ochenta libros de poesía internacional. Junto con los poetas chinos Bei Dao y Duo Duo fundó un nuevo movimiento de poesía, el *neosensacionismo*. Organizó el festival internacional de poesía "La Costa Poética" y es también asesor literario de varios festivales internacionales de poesía, entre ellos el "Encuentro de Poetas del Arco Mediterráneo", el Festival Internacional de Poesía de Granada (Nicaragua) y de de la revista literaria *Contemporary Poetry* (Hong Kong). Fue también secretario del "Congreso Mundial de Literatura" de Valencia. Es presidente de la Fundación ITHACA Droogenbroodt-Leroy de la Generalidad Valenciana y Secretario General del Congreso Mundial de Poetas.

Su obra poética, hasta ahora ha escrito nueve poemarios, es multifacética. Después de su debut con "*Cuarenta en la pared*" (1984), catalogado como poesía neorromántica, publicó "*¿Conoces el país?*", Meditaciones en el Lago Como, un libro de poesía naturalista. Ha obtenido en 1995 el "Hawthornden Fellowship" y escribió durante su estancia en el castillo escocés del mismo nombre "*Conversación con el más allá*", poemas galardonados con el Premio de Poesía P.G. Buckinx. Casi al mismo tiempo salía "Palpable como la ausencia", «poesía virtuosa», según un crítico de reseñas para las bibliotecas holandesas, un poemario bilingüe neerlandés-castellano. Al final de 1997 apareció "*Veinticinco y dos poemas de amor*" y el año siguiente "*Entre el silencio de tus labios*", una compilación de sus poemas de amor.

Germain Droogenbroodt estudió las culturas, la filosofía y la poesía oriental. Visitó más de sesenta veces el Extremo

Oriente cuyas culturas han dejado profundas huellas en su obra poética. Completó durante una estancia en el Rajastán, "*el Camino*", un cambio crucial en su obra. El poemario "el Camino" inspiró a varios artistas con fama internacional, tales como el pintor belga Frans Minnaert y el hindú Satish Gupta. Este poemario bastante filosófico con elementos místicos es, hasta hoy, el libro con más éxito del poeta flamenco-mediterráneo, publicado ya en 20 países en 16 lenguas: entre ellas en castellano, en chino, en checo, en eslovaco, en alemán, en italiano, en neerlandés, en turco, en hindú, en mongol enz.

En 2001 salió «*Amanece el cantor*», su primer poemario escrito en español, un homenaje a José Ángel Valente. Escribió el año siguiente en Ronda el ciclo «*Contraluz*», poemario que sigue más o menos la misma línea mística-filosófica de "el Camino, La edición rumana fue laureada como mejor libro de poesía extranjera por la Universidad Ovidius en la Feria Internacional del Libro.

El poemario "*En la corriente del tiempo*", Meditaciones en el Himalaya, su último poemario, ha sido premiado en España con el XXVII Premio de Poesía Juan Alcaide 2008. Se publicó también en 2008 su "*Selected Poetry of Germain Droogenbroodt*", inglés-chino, en Shanghai, China.

En Egipto recibió el "Doctorado honoris causa" en literatura por sus méritos como poeta, traductor y editor de poesía internacional. Recibió también el premio "Pegasus" de la *Mongolian Academy of Cultura and Poetry* por sus traducciones de poesía internacional y la medalla de oro del presidente del World Congress of Poets (2009). Por el carácter universal de su obra es invitado frecuentemente a dar recitales y conferencias en varias Universidades y festivales internacionales de poesía en países tales como Argentina, Austria, la República Checa, China, Corea, Croacia, Cuba, Egipto, Eslovaquia, España, Formosa, Irlanda, Italia, Lituania, Macedonia, México, Mongolia, Nepal, Nicaragua, Rusia, Rumania etc.

SATISH GUPTA nació en Nueva Delhi en 1947 y estudió pintura durante cinco años en el *College of Arts* de aquella ciudad. Obtuvo una beca para estudiar dos años Artes Gráficas en París, donde residería dos años más para perfeccionarse en las bellas artes. Después se instalaría definitivamente en Delhi. Su estudio está en medio de un jardín Zen, creado por él mismo.

Satish Gupta, uno de los pintores más conocidos de la India, expone a menudo en Delhi, Bombay, Madras y Calcuta, pero expone también en una gran variedad de galerías extranjeras, entre ellas: Galerie Espace Pont-Neuf en París, la Wraxal Gallery en Londres, la Ufundi Gallery en Ottawa, la Viridian Gallery, la Bose Pacia Modern Gallery en Nueva York y la East & West Art Gallery en Melbourne, Australia y Galería El Sol en Altea. Su obra se encuentra en museos y en importantes colecciones privadas. Ha pintado murales en varios lugares públicos, entre ellos una pared de 80 metros en el Aeropuerto internacional Indira Gandi de Nueva Delhi.

Satish Gupta recibió en 1981 el prestigioso Premio *Sánscriti.*

Imbuido por el Zen, escribió y publicó en 1985 el libro "La onda rota", una colección de poemas *haiku,* ilustrados por él mismo. Una selección de esos poemas ha sido traducida y publicada en castellano y en catalán por la editorial Bromera.

En 1986 publicó "Vibraciones", una colección de dibujos en carbón, inspirados en los himnos de la Rig-Veda.

En 1990 pintó un gran lienzo, basado en la luna y las estrellas, que daría decorado al concierto de Pandit Ravi Shankar en el *Castillo Siri* de Nueva Delhi. En ese mismo año creó una obra formada por cinco esculturas metálicas, con una altura de hasta cinco metros y un peso superior a las 10 toneladas. Esta construcción representa los cinco elementos y está expuesta permanentemente en Nueva Delhi.

Este artista polivalente, de renombre universal, participó también en el festival internacional de poesía "La Costa Poética" en Altea en 1995 y en "Ardentísima", Murcia (1996), donde hizo sesiones de *action painting.*

SATISH GUPTA werd in New Delhi, 1947 geboren en studeerde er vijf jaar aan het College of Art. Hij ontving een studiebeurs om twee jaar in Parijs grafiek te studeren, en om zich verder in de beeldende kunst te vervolmaken verbleef hij er nog twee jaar langer. Hij leeft nu reeds jaren in New Delhi. Zijn studio ligt in het midden van een Zentuin die door hemzelf werd ontworpen.

Satish Gupta, een van de bekendste schilders van India, exposeert met grote regelmaat in Delhi, Bombay, Madras en Calcutta, maar stelde zijn veelzijdig werk ook in een niet onbelangrijk aantal buienlandse galeries ten toon, waaronder Galerie Espace Pont-Neuf in Parijs, Wraxal Gallery in Londen, Ufundi Gallery in Ottawa, Viridian Gallery en de Bose-Pacia Modern Gallery in New York, East & West Art Gallery in Melbourne, Galería "El Sol" in Spanje enz. Zijn werk bevindt zich in belangrijke privé-collecties en museums. Hij heeft ook meerdere muurschilderijen voor openbare plaatsen gecreëerd, waaronder een 80 meter lange wand in de Indira Gandhi internationale luchthaven van New Delhi.

Satish Gupta ontving in 1981 de prestigieuze Sanskritiprijs.

In 1986 publiceerde hij "Vibraties", een reeks houtskool-tekeningen, gebaseerd op hymnen uit de Rgveda.

In 1990 ontwierp hij het podium voor het Pandit Ravi Shankar concert in het Sirifort van New Delhi, bestaande uit een groot doek met maan en sterren en creëerde in 1990 een groep van vijf metalen beelden, 3 tot 10 meter hoog, in totaal meer dan 10 ton wegend. De sculpturen beelden de vijf primaire elementen uit en zijn permanent in New Delhi geëxposeerd.

Geïnspireerd door Zen, publiceerde hij in 1985 het boek "De Gebroken Golf", een reeks haikugedichten, die hij ook zelf ilustreerde. De gedichten werden achteraf ook in het Catalaans en in het Spaans gepubliceerd. Deze polyvalente, internationaal befaamde kunstenaar was ook als *action-painter* te gast in Spanje op de internationale poëziefestivals "La Costa Poética" in Altea, 1995 en "Ardentísima" in Murcia, 1996 .

## INHOUD- *CONTENIDO*


Wat hebben de oude profeten gezien... 4
Qué vieron los viejos profetas... 5
Hebben hun vingertoppen... 6
Contaron con las puntas de los dedos... 7
Pegasus 8
Pegaso 9
Nachtgodin 10
Diosa de la noche 11
Waar blijft het licht... 12
¿Dónde queda la luz...? 13
Verzanding 14
Enarenamiento 15
De tijd dringt... 16
El tiempo urge... 17
Meer nog... 18
Más aún... 19
Is de schepping... 20
¿Es la creación...? 21
Van waar... 22
¿De dónde...? 23
Is alles... 24
¿Es todo...? 25
Gebed 26
Oración 27
De wanhoop... 28
La desesperanza... 29
Catharsis 30
Catarsis 31
Maar de mens... 32
Pero el hombre... 33
Omkeerbaar... 34
Reversible... 35

Toen viel... 36
Después cayó... 37
Nacht... 38
Noche... 39
Het leven 40
La vida 41
Blijft er dan... 42
Entonces 43
Tijdeloos... 44
Eterno es... 45
Maar.. 46
Pero... 47
Heropstanding 48
Resurrección 49
Uit het oerslib... 50
Luego, del aluvión primario... 51
Illuminatie 52
Iluminación 53
Als tondel... 54
Como yesca... 55
En tot aan de sterren... 56
Y hasta a las estrellas... 57
De ruimte... 58
El espacio... 59
Veel later... 60
Mucho más... 61
De grenzen... 62
Borrados... 63
Versmolten... 64
Todo se fusionó... 65
Biografie-*Biografía*

www.ingramcontent.com/pod-product-compliance
Lightning Source LLC
Chambersburg PA
CBHW032028040426
42448CB00006B/768

*9789490347154*